VADE MECUM

DU

SECRÉTAIRE DE MAIRIE

DÉBUTANT

Notions élémentaires

sur les Budgets des Communes et des Bureaux de Bienfaisance
suivies
du tableau des pièces justificatives exigées à l'appui des dépenses
communales et hospitalières ;
de la façon dont s'établit le compte administratif du Maire
toutes ces notions devant servir de guide
aux Secrétaires débutant.

par

R. D'HEILLY

PERCEPTEUR-RECEVEUR-MUNICIPAL

D'OISY-LE-VERGER

(Pas-de-Calais)

—

PRIX : 0.25, CHEZ L'AUTEUR

VADE MECUM

du

Secrétaire de Mairie débutant

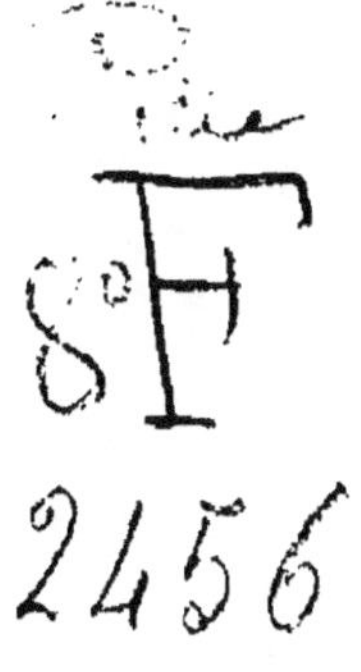

VADE MECUM

DU

SECRÉTAIRE DE MAIRIE

DÉBUTANT

Notions élémentaires

sur les Budgets des Communes et des Bureaux de Bienfaisance
suivies
du tableau des pièces justificatives exigées à l'appui des dépenses
communales et hospitalières ;
de la façon dont s'établit le compte administratif du Maire
toutes ces notions devant servir de guide
aux Secrétaires débutant.

par

R. D'HEILLY

PERCEPTEUR-RECEVEUR-MUNICIPAL

D'OISY-LE-VERGER

(Pas-de-Calais)

—

1895

AVANT-PROPOS

Le modeste travail que je présente aux lecteurs est une œuvre peu savante. Mon but est celui d'un homme qui a voulu exposer d'une façon nette et concise, dans un cadre restreint, la marche que doivent suivre MM. les Secrétaires dans l'établissement des budgets et des mandats communaux; en un mot, j'ai voulu rendre plus facile la tâche qui leur incombe dans leurs rapports avec la recette municipale.

R. D'HEILLY

Percepteur - Receveur - Municipal

Ex-Rédacteur attaché au Ministère des Finances.

BUDGETS [1]

CHAPITRE PREMIER

Budget primitif. — Sa formation.

Le Budget primitif d'une commune ou d'un établissement de bienfaisance, contient deux natures d'opérations : les *Recettes* et les *Dépenses*.

Les opérations des *Recettes* et des *Dépenses* se réalisent pendant le cours d'une période appelée *Exercice*.

L'*Exercice* commence le 1ᵉʳ Janvier et finit le 31 Décembre de la même année, année qui lui donne son nom. Cependant afin de compléter toutes les opérations se rattachant au dit *Exercice*, il est accordé *un délai supplémentaire de trois mois*, c'est-à-dire un délai qui prend fin le 31 Mars de l'année suivante. A cette dernière date l'*Exercice demeure définitivement clos*.

---

(1) Les budgets ont été institués par la loi du 11 frimaire, an VII (1ᵉʳ décembre 1798).

La Commune dresse deux Budgets pour le service *d'un même Exercice* : l'un appelé *Budget primitif*, celui dont nous nous occupons, et l'autre appelé *Budget additionnel*; de ce dernier nous en parlerons plus loin.

Le Budget primitif de la Commune est préparé par les soins du Maire, il est ensuite discuté et voté par le Conseil municipal dans la session du mois de Mai, appelé Session budgétaire (1); une expédition est ausssitôt adressée au Préfet, directement dans les arrondissements des Préfectures et dans les autres arrondissements par les soins du Sous-Préfet qui donne son avis avant que de la transmettre au Préfet, ce dernier demeurant seul chargé de donner une approbation définitive aux budgets communaux et hospitaliers.

Le budget des villes dont le revenu est de 3.000.000 de francs au moins, est toujours soumis à l'approbation du Président de la République, sur la proposition du Ministre de l'Intérieur. (Loi du 5 Avril 1884, art. 145.)

La loi municipale du 5 Avril 1884, art. 133, divise les recettes et les dépenses reprises dans le budget de la commune en 2 chapitres, savoir :

Chapitre I. — Recettes ordinaires. — Dépenses ordinaires.

Chapitre II. — Recettes extraordinaires. — Dépenses extraordinaires.

Recettes.

Les recettes inscrites au budget ne sont que des chiffres

---

(1) La session du mois de mai peut durer 6 semaines au plus. Inst. Ministre de l'Intérieur du 15 mai 1884).

probables, aussi l'évaluation provisoire des recettes pour avoir un caractère de vérité et de logique doit-elle être faite d'après les résultats constatés dans le compte de gestion du Receveur.

Dépenses.

Les dépenses proposées par le Maire et votées par le Conseil municipal, sont inscrites dans des colonnes spéciales ; en regard de ces *chiffres* se trouvent ceux de la période précédente constatés au dernier compte de gestion.

Les recettes et les dépenses reçoivent un numéro d'ordre ; elles doivent être, en outre, totalisées par chapitres et récapitulées par titres.

Dans le budget, le chapitre des dépenses ordinaires doit être subdivisé dans l'ordre suivant :

§ I — Frais d'administration ;

§ II. — Entretien des bâtiments communaux ; Salubrité ; Voirie ;

§ III. — Assistance publique ;

§ IV. — Instruction publique ; (1° obligatoire, 2° facultative).

§ V. — Cultes ;

§ VI. — Dépenses diverses.

Les Maires reçoivent, du reste, de la Préfecture, les imprimés nécessaires à la confection de leurs budgets.

Les préfets veillent avec soin à ce que ces budgets soient préparés conformément aux modèles prescrits par les instructions ministérielles et les renvoient aux Maires pour qu'ils rectifient toutes les irrégularités constatées. (Circ. Int. du 10 Avril 1835 et 13 Décembre 1842).

Les dépenses du budget ordinaire comprennent les dépenses annuelles et permanentes.

Les dépenses du budget extraordinaire comprennent les dépenses accidentelles ou temporaires imputées sur des recettes spéciales énumérées à l'art. 134 de la loi du 5 Avril 1884, et sur l'excédent des recettes ordinaires. (Même loi, art. 135).

Les budgets doivent contenir en tête les mentions du principal des quatre contributions directes ; dans les cas d'emprunt ou d'imposition extraordinaire, ces budgets doivent être produits afin que l'administration puisse s'assurer que l'imposition votée n'excède pas le maximum des centimes additionnels fixés par les instructions.

Le nombre des habitants doit être également indiqué ; cette mention est indispensable, elle a pour but de s'assurer si le nombre des Conseillers municipaux, voulu par la loi, a siégé ; pour déterminer aussi le chiffre de certaines indemnités calculées sur le nombre des habitants ; pour la fixation du tarif des patentes, etc.

Il est utile de ne voter que des dépenses dont le paiement est assuré par des ressources équivalentes ; dans le cas contraire la Commune se trouverait dans une situation où il lui serait impossible de faire face à ses engagements.

Le maintien de l'équilibre entre la recette et la dépense ne s'obtient donc qu'en restreignant les dépenses facultatives et, à la rigueur, en les ajournant.

Les budgets doivent être votés et approuvés avant l'ouverture de l'exercice auquel ils appartiennent.

Dans le cas où le budget ne serait pas définitivement réglé avant le commencement de l'exercice, les recettes et les dépenses

continuent, jusqu'à l'approbation, à être faites conformément
à l'année précédente ; s'il n'existe aucun budget antérieurement voté, le Préfet en établit un en Conseil de Préfecture.
(Loi du 5 Avril 1884, art. 150).

Le Préfet transmet une expédition du budget approuvé et
rendu exécutoire au Receveur municipal par l'intermédiaire
du chef immédiat de ce dernier, c'est-à-dire par le Trésorier-
payeur général ou par le Receveur particulier des Finances,
dans les arrondissements autres que l'arrondissement chef-lieu
du département. Une autre expédition est adressée au Maire
soit par le Préfet ou les Sous-Préfets.

CHAPITRE II.

Budget additionnel.— Ses éléments

Le budget additionnel ou supplémentaire est dressé par le
Maire, soumis au Conseil municipal dans la session de Mai et
voté par articles. Le Préfet l'approuve et le rend exécutoire
comme le budget primitif.

Ce deuxième budget vient compléter les deux chapitres du
budget primitif ; ses ressources en recettes sont puisées notam-
ment dans les excédents que présente ce dernier et ses dépenses
sont basées sur les besoins alors inconnus au moment de l'é-
tablissement du budget primitif et sur les restes à payer

révélés par le compte de gestion de l'exercice antérieur.

Il est partagé en deux chapitres :

En recettes : Chapitre III. — Recettes du budget supplémentaire.

En dépenses : Chapitre III. — Dépenses du budget supplémentaire.

Ces deux chapitres additionnels se subdivisent eux-mêmes en deux sections, savoir :

En recettes : § Ier. Excédent et restes à recouvrer. — § II. Ressources nouvelles non prévues antérieurement.

En dépenses : § Ier. Excédents et restes à payer. — § II. Dépenses nouvelles non prévues antérieurement.

Les règles ci-dessus exposées concernant les budgets communaux s'appliquent également aux budgets des Bureaux de bienfaisance.

DÉPENSES COMMUNALES

CHAPITRE III.

**Ordonnancement des dépenses communales.
Pièces à fournir à l'appui des mandats de paiements.**

L'ordonnancement des dépenses communales appartient au

Maire (1) et, en son absence, à l'adjoint au Maire ; dans le cas d'absence de ces deux derniers, un conseiller municipal délégué spécialement par le Maire peut ordonnancer les dépenses en ses lieu et place.

Quand le Maire se refuse à ordonnancer une dépense régulièrement dûe, le Préfet prononce en Conseil de préfecture et l'arrêté pris ensuite tient lieu de mandat. (Loi du 5 Avril 1884, art. 152 .

Lorsque le Maire (2) est créancier de la commune, la dépense ne peut être ordonnancée par lui, sa qualité de créancier crée un cas d'empêchement absolu.

Le Secrétaire doit tenir un carnet des mandats ordonnancés, ce carnet doit l'aider, en fin d'exercice, dans l'établissement du compte administratif du Maire.

Nous allons donner ci-après la nomenclature des pièces dont la production est indispensable à l'appui des mandats de paiements suivants :

---

(1) Le Maire peut être ordonnateur des dépenses du Bureau de bienfaisance, mais généralement, la Commission administrative du Bureau de bienfaisance désigne un de ses membres et ce dernier prend alors le titre d'Ordonnateur.

(2) Il en est de même pour l'ordonnateur des dépenses d'un bureau de bienfaisance.

I. — COMMUNES

NATURE DES DÉPENSES	JUSTIFICATIONS A PRODUIRE
1. Traitements, gages et salaires des agents et autres employés de la commune.	Mandat timbré à o fr. 10, s'il s'agit de sommes excédant 10 francs et joindre au premier mandat: copie de la délibération du Conseil fixant le traitement.
2. Frais de bureau de la Marie.	Mandat et Mémoire sur T relatant, lorsqu'il y a lieu, les numéros sous lesquels les objets sont inscrits au catalogue ou à l'inventaire.
3. Traitement du Receveur municipal.	1° Pour le traitement fixé, production à l'appui du premier mandat d'une ampliation de l'arrêté préfectoral portant fixation du traitement. 2° Pour le dixième en plus, production à l'appui du premier mandat d'une copie certifiée de la délibération du Conseil municipal.
4. Frais de bureau du Receveur municipal.	Copie de la délibération du Conseil municipal, approuvée par le Préfet.
5. Traitement du commissaire de police et frais de bureau.	Arrêté du Préfet qui fixe le montant de la cotisation à la charge de la commune et quitt. T de la partie prenante.
6. Traitement des appariteurs et du tambour aff.	Mêmes justifications qu'au § 1er.
7. Salaire des Gardes-champêtres.	Mêmes justifications qu'au § 1er.
8. Salaire des Gardes-forestiers.	Mêmes justifications qu'au § 5.

NATURE DES DÉPENSES	JUSTIFICATIONS A PRODUIRE
Assurances contre l'incendie.	Quitt. T de l'agent d'assurances s'il s'agit d'une dépense excédant 10 francs et l'expédition non T, de la police d'assurance jointe au premier mandat.
10. Loyer de la maison commune et autres immeubles.	Copie non T certifiée par le Maire, du bail approuvé par le Préfet et enregistré.
Frais d'entretien de la maison commune et autres immeubles communaux.	Pour les réparations de simple entretien n'excédant pas 300 francs, soumission sur T de l'entrepreneur, acceptée par le Maire avec mention de l'enregistrement.
Dépenses ordinaires pour achats et réparations d'objets mobiliers, etc.	Mêmes justifications qu'au § 2.
Entretien des aqueducs, fontaines, puits et mares.	Mêmes justifications qu'au § 11, sauf dans le cas suivant: lorsque l'entretien annuel est concédé par bail à un entrepreneur, copie ou extrait non T du procès verbal d'adjudication ou traité de gré à gré.
Entretien des pavés, promenades, etc.	Mêmes justifications qu'au paragraphe précédent.
Entretien des pompes à incendie et accessoires.	Mêmes justifications qu'aux § 11 et 12.
Location et entretien de la Maison d'école.	Mêmes justifications qu'aux § 10 et 12.

NATURE DES DÉPENSES	JUSTIFICATIONS A PRODUIRE
17. Achats de livres pour l'école.	Mêmes justifications qu'au § 2.
18. Loyer du presbytère.	Mêmes justifications qu'au § 10.
19. Indemnité de logement aux Ministres du culte salariés de l'État.	Quitt. T de la partie prenante.
20. Supplément de traitement au curé ou desservant.	Mêmes justifications qu'au paragraphe précédent.
21. Achat et entretien d'objets relatifs au culte	Mêmes justifications qu'au § 2.
22. Dépenses imprévues.	Le Maire dispose, sans autorisation du crédit, pour dépenses imprévues ; si la somme dépasse 10 francs : mémoire sur T.
23. Fêtes publiques.	Mémoire sur T des fournitures et ouvrages
24. Droits de locations verbales, de biens communaux.	Extrait, certifié par le Maire, de la déclaration de location ; quittance à souche du receveur de l'enregistrement.
25. Dépenses extra pour achat d'objets mobiliers, denrées, etc.	Mémoire sur T réglé des fournitures et relatant, lorsqu'il y a lieu, les numéros sous lesquels les objets sont inscrits à l'inventaire.
26. Services hors budgets. Caisse des écoles.	Mémoire sur T des fournitures, certifié par la partie intéressée, et approuvé par le Maire.

II. — BUREAU DE BIENFAISANCE

NATURE DES DÉPENSES	JUSTIFICATIONS A PRODUIRE
Traitement du Receveur.	Mêmes justifications qu'au § 3 des Communes.
Appointements, gages et salaires des agents et préposés.	Mêmes justifications qu'au § 1 des Communes.
Assurances.	Mêmes justifications qu'au § 9 des Communes.
Dépenses ordinaires pour achats d'objets mobiliers, denrées, matières et marchandises.	Mêmes justifications qu'au § 25. Toutefois, il y a lieu de produire l'arrêté du Préfet qui a autorisé le marché de gré à gré, quand il y a eu marché.
Réparation d'entretien n'excédant pas 3oo fr.	Mêmes justifications qu'au § 11 des Communes.
Pensions ou rentes à la charge de l'établissement.	Pour les pensions, le mandat quittancé suffit, quant aux rentes, il est exigé un extrait dûment certifié de l'acte constitutif.
Secours aux indigents, etc., etc.	Bon individuel ou état d'émargement; si les secours sont donnés à plusieurs, ledit état certifié par l'ordonnateur.

Pour l'ordonnancement des dépenses autres que celles relevées ci-dessus et pour lesquelles il y aurait quelque doute dans la production des pièces devant être annexées aux mandats, il est utile que le Secrétaire s'adresse au Receveur municipal, ce dernier lui fournira tous les renseignements nécessaires.

Compte Administratif du Maire

CHAPITRE IV

Du Compte Administratif du Maire
et de son rôle
au point de vue du contrôle des Finances communales

Par les lois du 11 Frimaire an VII et 28 Pluviôse an VIII, un arrêté du gouvernement du 4 Thermidor an X, les ordonnances du 28 Janvier 1815, 1er Mars 1835 et 31 Mai 1838, il est prescrit au Maire de rendre, à la fin de chaque exercice, un compte des recettes et dépenses communales.

L'article 71 de la loi municipale du 5 Avril 1884, consacre un droit qui appartient, par la nature des choses, au Conseil municipal, il décide que le Conseil délibère sur le compte d'administration qui lui est présenté par le Maire avant d'être soumis à la sanction de l'autorité supérieure (1).

Par ce même article, le Conseil municipal est appelé à statuer sur le compte de gestion du Receveur municipal, mais il appartient à l'autorité supérieure, seule, de l'apurer définitivement.

Le compte du Maire, pour l'exercice clos, est approuvé par le Préfet d'une façon définitive quelque soit le chiffre des revenus communaux.

Les chiffres présentés par l'administration municipale, si même des erreurs sont reconnues, ne doivent pas être modifiées par le Préfet. En réglant le budget supplémentaire, les erreurs, s'il en existe, sont rectifiées et les résultats du dernier exercice redressent ceux de l'exercice précédent.

Le Ministre de l'Intérieur reçoit du Préfet, aussitôt après leur approbation, une copie certifiée des Comptes des Villes dont les revenus sont de 3.000.000 de francs et au-dessus.

Le Compte administratif reste déposé à la Mairie à la disposition de tout électeur ou habitant. Il peut en être pris copie, et cette copie peut-être publiée sous la responsabilité de son auteur. Une copie du Compte d'administration est transmise au Receveur municipal et ce dernier la joint comme pièce à son compte de gestion.

FIN

---

(1) Dans la séance où l'on discute le compte d'administration, le Conseil élit son président. Le Maire assiste à la discussion, mais il doit se retirer au moment du vote.

TABLE DES MATIÈRES

Imp. A. WARMONT. 22-24, galerie d'Orléans.

Paris
Imprimerie Warmont
Galerie d'Orléans
22 & 24

www.ingramcontent.com/pod-product-compliance
Lightning Source LLC
Chambersburg PA
CBHW051413060726
47596CB00005B/2210